我，一点儿也不懒！

读写记忆困难孩子的故事

[日]品川裕香/著　[日]北原明日香/绘

丁丁虫/译

我叫林早！

青岛出版集团 | 青岛出版社

我干什么都很拿手!
跑步最快,
踢足球最好,
抓虫子也最厉害!

我很会照顾人,
还喜欢画画!

我特别特别喜欢幼儿园里的小伙伴!
大家的关系可好啦!
嗨——哟!

从今天起,
我就是一年级的小学生了。
进入新学校、认识新朋友,真开心!
学习新知识,真开心!
我会学些什么呢?

祝贺大家升入小学!

哎呀……这是什么字来着……

林早同学,
请你来读一读。

这个……这个……

林早同学,
你要再努力一点儿呀!
大家都能做到,
你肯定也能做到!

好的……
我……努力……
我会更加努力的。

我,林早!一点儿都不懒!
我会努力、努力、特别努力的!
大,大,小,小……

这么简单的字,你竟然还没记住?
爸爸妈妈都能记住,你肯定也能记住。
你到底有没有好好学?

我太笨了,
连那么简单的字都记不住。
我什么都记不住。
我想回幼儿园……

我真是太差劲了!

林早同学,一年级的学习很辛苦吧?
老师知道你已经很努力了。
我也在学习,
想看看有没有办法帮助你。

于是，我开始接受"秘密训练"。

林早妈妈,
林早同学的学习方法,
可能和其他同学的有点儿不一样。

老师,
林早的学习方法有点儿特别。
其实他很努力,
每天都学到很晚。

我,林早!
一点儿也不懒!

作者的话　即使读写困难，也不要放弃希望

品川裕香

"……您是说，我并不笨？只要采用适合自己的方法，我也能学习好？"

2016 年夏天，我给一所高中的三年级学生做了一场主题为"工作需要什么"的讲座。讲座结束后，三名男生追来找我，其中一人对我说了上面那番话。

我在讲座中提到，为了日后的自我独立、顺利进入社会，大家需要具备规范意识和自控能力。那时候，会场里有人喊："我太笨了，做不到（笑）。"于是我简单介绍了一些学习理论，并告诉他们，为了取得更好的成果，需要明确哪些方法对自己获取信息最为有效，然后尽可能选择和利用那些方法。

追上来的男生纷纷向我倾诉：从小学一年级开始学习就很吃力；什么字都记不住，不会读书，也不会写字；拼命记了一晚上，第二天还是全部忘光；很多字虽然会读，但会理解错；只认识简单的字，可是不敢读出声，也不敢写……

我不是第一次听到这样的问题。

每次做讲座的时候，从小学生到六七十岁的老人，各种年龄层的听众都会问，"（我读书写字很困难）是不是因为太笨了？""（阅读障碍）在哪里可以接受训练？"……这些问题让我心如刀绞。因为早在 2000 年的时候我就听过无数次。

那时候，我为了撰写第一本书，采访过很多有读写记忆困难的儿童。如今，（日本的）教育制度已经发生了很大变化，我们有了特别支援教育，教师资格更新制度也开始实施，还设立了学习障碍等跨年级指导教室……在教育界，人们不仅了解到"发展障碍"，还接受了"学习障碍""阅读障碍"等概念。但是，即使在今天，依然只有极少数有读写记忆困难的孩子，进入小学后能很快接受专业指导。

造成这种困境的原因有很多。

比如，有人可能只听说过"阅读障碍"这个词，但并不了解具体有什么表现。既然不了解具体的表现，就容易把"学习不好"归结于缺乏学习动机、不够努力，或者家庭环境糟糕等因素。

有的家长和老师即使知道阅读障碍，可能也不知道该怎样对待这样的孩子，更不知道该怎样教育，缺乏相应的经验。

关于阅读障碍的起因有若干理论，对应不同的理论，人们也提出了各种教育方法。然而现状是，这些都还远远没有渗透到教学第一线。

目前的情况是，很少有教师能胜任阅读障碍儿童的教育。这也是教师培养的问题。

另外还有一个原因是，很少有人知道，即使孩子具有某项发展障碍，但只要针对孩子的需求进行适当的教育指导，孩子的状况是会发生变化的。脑科学等学科的进步已经对此进行了证明。

无论如何，从我最早的采访到今天已经过去了 20 多年，但关于阅读障碍的情况，似乎并没能像其他发展障碍那样出现很大的改善。

在这样的情况下，我希望能让更多的家长和老师认识

阅读障碍，让他们知道孩子们"并没有偷懒"。所以我决定将2003年出版的《我没偷懒！读写记忆困难儿童案例》改编成绘本。这本书的主人公林早，代表了我以往接触过的许多患有阅读障碍的人。

其实，阅读障碍并不是智力上的问题，也不是语言理解或者表达上的问题，它仅仅是指不能流畅读写的状态。

阅读障碍的症状包括但不局限于：儿童对文字不感兴趣；虽然喜欢听大人读书，但自己从来不读；经常读错长得相像的文字；不擅长某些发音；朗读的时候缓慢生涩；常常跳过或者乱读某些字。

随着年级的升高，孩子需要认识的字越来越多，更会出现记不住字，或者刚记住马上又忘记的情况。而且抽象词汇在增多，句子长度也在增加，结果导致他们的阅读速度愈发降低，但却完全不知道自己在读什么。

阅读和书写的困难，也会导致一些科目的困难。比如：在数学上，即使能理解概念，也难以阅读题目，所以考试成绩很差；记不住英文字母，虽然能用英语对话，但读写都很困难……这些问题积累下来，会导致孩子对自己失去信心，陷入焦虑甚至抑郁。

所以重要的是，我们要尽快认识到个别孩子面临的困难。日本文部科学省于2012年对教师进行的调查显示，4.5%的孩子都在听、说、读、写、计算、推理等方面表现出显著的困难。

在了解事实的基础上，也不要简单地把"读写困难"等同于"阅读障碍"，而要使用专业的检查方法，掌握读写困难状态背后的原因，从而提供有效的指导。

可惜，目前，虽然学者们建立的发展性阅读障碍研究会和日本阅读障碍协会每年也会举办若干场研讨会和学习班，但能够系统性学习阅读障碍评估方法和专业指导方法的机会还很少。

即使暂时没有专业性的评价和指导，家长和老师也有一些能做的事。

首先是通过词汇游戏来帮助孩子发展语言认知能力。比如，通过用手指在布料或沙子上写字、用黏土捏字、在空中书写等方式，帮助孩子记忆文字。有研究证明，动用感官和运动机能的学习将会更有效。此外，还需要提高孩子的语言表达能力，多与孩子交谈、朗读绘本等都是不错的方式。

本文开头提到的那几位学生，带着热切的眼神所说的话，令我一直都无法忘怀——

"如果从现在开始用适合我的方法学习，我就能有所改变吗？哪怕只是一点点改变？我以为自己彻底没希望了，所以一直都自暴自弃，但其实未来我还有很多想做的事。我想努力，我想更加努力。"

编者注：日本医学界一般将阅读障碍（dyslexia）称作"读写障碍""失读症"等。作者在书中采用"读写困难"一词，是希望告诉读者：只要给予适当的教育支持，孩子们的情况会有所改善。

专家解读　家庭与学校的支持至关重要

——专访北京师范大学李虹教授

李虹：北京师范大学心理学部教授、博士生导师，国际阅读研究协会会员。长期从事儿童阅读能力的发展与促进、阅读障碍儿童的鉴别与矫治、汉语分级阅读等方面的研究，开设有《阅读障碍：从诊断到干预》课程和"虹阅读实验室"微信公众号，致力于阅读障碍的科学研究和科学普及工作。

● **目前中国的阅读障碍群体检出率是多少？年龄、性别的分布情况如何？**

发展性阅读障碍（developmental dyslexia）（简称阅读障碍）是一种学龄儿童在读写学习方面的特殊困难，主要指那些拥有正常的智力、学习动机和受教育机会，却不能顺利学会阅读的儿童。

目前，阅读障碍被认为是一种具有遗传基础的神经发育性障碍，其发生率在5%~17.5%之间，具体数值取决于测试儿童的年龄范围、样本数量的大小、阅读能力测验的种类和数量、诊断标准的严格程度等因素。2022年，一项针对汉语阅读障碍研究的元分析显示，汉语阅读障碍总体发生率为7.1%，与西方国家接近。其中，在男孩群体中的检出率为9.2%，明显高于女孩4.7%的检出率。

在小学阶段表现出学习困难的儿童中，大约有80%的孩子其实是受到阅读障碍的困扰，而这些孩子的阅读学习问题往往得等到三年级之后，他们的读写成绩明显落后于同龄人时才会被诊断出来，这严重阻碍了孩子的健康发展。

● **阅读障碍在早期有哪些特征？最早几岁可以被发现？**

阅读是一种后天习得的复杂技能，其获得过程是一个逐步积累的学习过程。目前越来越多的证据显示，发展性阅读障碍是一个长期、缓慢、逐步发展的过程，受到遗传、家庭、学校、社会环境等多种因素的影响。

芬兰研究团队的追踪研究显示，如果孩子的直系亲属中有人患有阅读障碍，孩子本人又是一个男孩，那么这个孩子患有阅读障碍的可能性高达50%，属于高风险人群。借助现代脑电波研究技术，研究者在这些高风险孩子还是新生儿的时候，就能记录下他们的大脑对语音刺激的反应模式，并且发现其不同于正常儿童之处，而这种对语音知觉的反应差异，可以预测儿童今后的阅读能力发展情况。

除了家族遗传因素之外，学龄前儿童比较容易被观察到的风险因素是早期言语发育迟缓的现象，例如说话晚、词汇量少、语言学习缓慢、词汇增长缓慢、持续使用婴儿语、对押韵不敏感、对文字没有兴趣等。有研究显示，如果儿童在5岁时表现出语言发育迟缓的问题，其最终被诊断为阅读障碍的预测准确率超过70%。

阅读障碍的问题通常在小学阶段表现最明显。典型问题有识字量少、阅读速度慢且错误多、听写困难，并常伴有阅读兴趣缺乏、注意力不集中等问题。具体而言，主要包括四个方面：1）掌握字词困难，学得慢，忘得快，常混淆字形相近或意义相关的字词以及双字词中的两个字；2）朗读速度慢，错误多，不流畅，常伴随加字、漏字、错字、猜字等问题；3）阅读理解能力差，不能顺利理解字在词或句子中的意思，很难找出文章或段落的重点；4）书写困难，难以完成听写、默写、写作任务，书写时容易提笔忘字，或者出现加减笔画、偏旁部首颠倒或左右镜像倒转等问题。

● **如果发现不及时，会给孩子、家庭造成哪些危害？**

阅读是现代人最重要的学习和生存能力之一，学会阅读是义务教育低年级学段的核心任务之一，而阅读障碍儿童的最大困难就是字词学习能力差，不能顺利掌握书面文字的识别和书写，这将会对他们的成长带来很多不良影响。

一方面，阅读障碍的困难最初只表现在读写问题上，集中在语文学科，但随着他们在阅读学习过程中知识缺失、经验不足等情况的逐渐积累，以及其他学科对基本阅读能力需求的提高，他们在高年级时反映出的问题会变得更加复杂，在理解考试题目、解答应用题、完成各科阅读任务、写作文、学习外语方面都可能出现困难，使得他们的升学机率受到一定影响。

另一方面，长期的挫折经历可能会使得孩子的情绪、自尊心、学习动机等出现严重问题。"笨"和"懒"，是周围的人对阅读障碍孩子的最常见误解。对于这些孩子来说，他们最初并没有学习动机问题，也像其他孩子一样渴望通过努力学习取得好成绩。但由于存在阅读障碍，他们付出了比常人更多的时间和努力，却得不到令人满意的学业成绩。这种负面的消极体验，会损害孩子的自尊心、自信心和效能感。而从自我价值保护的角度来说，与其努力了仍然失败，让他人看到自己能力的不足，不如直接放弃努力，用"我不想"来掩盖"我不行"，最终出现学习动机问题。

此外，很多家长常常将孩子的成就看作自己个人意义的延续，非常关注孩子的学业成绩。而如果孩子出现了阅读障碍问题，家长自己又缺乏相关知识，误认为孩子就是不努力、不认真，那么将会给亲子关系、夫妻关系等带来非常负面的影响。而这些次生的影响，可能比阅读障碍问题本身带给孩子和家庭的伤害更大。

● **国内做这方面研究的高校、机构有哪些？是否有专门的特殊机构？**

阅读障碍在西方已经有了上百年的研究历史，但汉语阅读障碍研究在我国只有很短的历史。三十多年前，科学家连汉语中是否存在阅读障碍问题都不知道。目前国内关注阅读障碍研究的人员主要集中于两个群体，一个是高校等科研机构中的研究人员，另一个是儿科等医疗机构的临床医生。前者主要致力于探索阅读障碍的心理、生理机制，研究其行为表现、遗传基因、大脑机制、家庭环境、教育因素等理论问题；后者主要关注阅读障碍的流行病学表现、测查工具、诊断标准、干预训练等实践问题。

经过大量研究者多年的努力，如今，阅读障碍的科学研究成果正在走向社会应用。目前，国内第一个阅读障碍专家共识《汉语发展性阅读障碍诊断与干预的专家意见》已经完成，将于近期向全社会公布，可对未来阅读障碍的研究和实践产生重要的指导作用。

● **已经参与研究的个案，其预后情况如何？**

阅读障碍是学习障碍的一种，孩子最突出的表现就是阅读学习速度慢、效率低，所以有的研究中也将这些孩子称之为"对干预没有反应的孩子"。帮助阅读障碍孩子是一个需要付出无限耐心和不懈努力的长期过程。现阶段，国内的阅读障碍群体并不属于特殊教育的服务对象，帮助孩子的重任主要落在家长身上，这对家长而言无疑是一个巨大的挑战。

目前，我们实验室也仅为一个孩子提供了长期的一对

一公益干预,由我的博士生从她大学四年级开始,每周一次,每次一个小时左右,持续至今。从纵向来看,无论是识字量,还是阅读能力,这个孩子的进步都是显而易见的,阅读自信心也有了明显的增强。但从横向来看,这个孩子在进步的同时他的同学们也在进步。"学如逆水行舟,不进则退",对于有阅读障碍的孩子来说,"不退"都是一个很难的目标,需要他们付出不懈的努力才能达到。

不过,需要再次强调的是,小学阶段是阅读障碍儿童最困难的阶段,随着年龄的增长,他们的推理能力、逻辑思维和阅读策略等也会发展,使得阅读困难的表现在上中学后可能会逐渐减轻。国际上,许多在小学时期表现为阅读障碍的儿童可以上大学,成为画家、发明家、企业家,获得博士学位。许多我们熟知的名人在儿童时期都曾有阅读障碍,例如著名科学家爱因斯坦、美国前总统肯尼迪、英国著名企业维珍集团的董事长理查德·布兰森等。实际上,患有阅读障碍并不代表他们的人生就此陷入绝望境地,家庭和学校需要给予他们重要的支持,而儿童的自信和坚持能够使他们同样拥有精彩的人生。

● **是否有适用于汉语阅读障碍的自测表?**

阅读障碍的诊断需要受过专业培训的人员使用特定测验工具才能进行,并不能进行自测。但阅读障碍儿童确实会在日常生活中有一些典型表现,家长和老师可以通过核查孩子的行为表现,例如"朗读时因不认识汉字而常常停顿""阅读表现明显比同龄人差""即使认真学习,听写成绩仍然很差"等,初步确定孩子是否存在阅读障碍风险,然后决定是否寻求专业帮助。

● **可以推荐一些书籍或影片等给想要了解阅读障碍的读者吗?**

电影《地球上的星星》。其中关于阅读障碍的行为表现、相关解释和干预措施都很科学。不过,这些干预措施更适用于英语语言环境,并不适用于汉语语言环境。另外,由于进行了一定的艺术化加工,片中的干预过程显得没有那么困难。

纪录片《我不是笨小孩》。通过对三个阅读障碍家庭进行长达三年的系统追踪跟拍,真实而深入地反映了国内阅读障碍儿童的生存困境以及家长、教师和孩子的不懈努力。

相关图书有《聪明的"笨小孩"》《谢谢您,福柯老师》《丘老师的艺术课》等。

作者简介

著 / 品川裕香

日本兵库县出生，早稻田大学法学部毕业。

做过记者、编辑，前北海道大学教育学研究附属儿童发展临床研究中心客座研究员，日本文部科学省中央教育审议会专门委员。亲赴教育一线，采访调查如校园霸凌、逃学、儿童虐待、不良少年、学习障碍、注意缺陷多动障碍、阿斯伯格综合征等热点问题。国际阅读障碍协会（IDA）会员，发展性阅读障碍研究会（IDA 日本分部）理事，日本学习障碍研究会会员，日本防止虐待儿童研究会会员等。

主要著作有《我没偷懒！读写记忆困难儿童案例》《我能记住！读写记忆困难儿童实战》等。

绘 / 北原明日香

日本宫崎县出生，北海道教育大学美术专业毕业。曾为中学美术教师，现为自由插画师。